LES PETITS MOTS
INCONVENANTS

JEAN-CLAUDE CARRIÈRE

LES PETITS MOTS INCONVENANTS

avec des dessins de
Pierre Etaix

BALLAND

Au père Thomas Sanchez
de la Compagnie de Jésus

Première lettre

Paris, le 3 septembre

Chère mademoiselle

Je vous remercie de votre lettre, qui m'a profondément touché, et qui est venue secouer la torpeur du vieil homme que je suis (mais que je n'ai pas toujours été).

La thèse à laquelle vous faites allusion, et qui est aujourd'hui introuvable, s'appelait exactement *Considérations sur l'évolution du vocabulaire érotique en France.* Je l'ai publiée en 1947 et j'oserai dire qu'aucun travail ne l'a surpassée. Bien entendu, un certain nombre d'expressions nouvelles ont surgi depuis cette date, car une langue est chose vivante, mais dans la mesure du possible je me suis tenu au courant.

Il me semble donc que je puis répondre au souci qui vous agite. Vous craignez qu'il ne m'apparaisse « singulier ou déplacé ». Rassurez-vous : je suis heureux de vous venir en aide et de déposer ma modeste science à vos pieds, que j'imagine charmants.

Il n'y a pas de sot métier, mademoiselle. Il n'y a que de sottes gens. Vous vous occupez donc, si j'ai bien compris, de « synchronisation », de « doublage » de films allemands et scandinaves à caractère, dites-vous, délibérément pornographique, et vous regrettez la pauvreté du vocabulaire mis à votre disposition. Nul ne saurait vous comprendre mieux que moi. Il m'est arrivé de me glisser, une ou deux fois, depuis que je suis à la retraite, dans une de ces salles de cinéma classées X et j'en suis sorti profondément désolé sinon par ce que j'avais vu, mais par ce que j'avais *entendu.* Ce sont toujours les mêmes mots usés et vulgaires. Le relief des formes n'a d'égal que la platitude du langage.

Et pourtant, mademoiselle, croyez-moi, notre belle langue française possède en ce domaine de véritables trésors, que nul n'exploite. Si nous prenons par exemple l'expression *faire l'amour,* dont vous avez certainement l'usage et que traduit sempiternellement le verbe *baiser,* lequel ne prit son sens actuel qu'au XVIIIe siècle, remplaçant peu à peu le très célèbre *foutre,* nous pouvons trouver immédiatement une foule de synonymes pittoresques et délicieux, ainsi, dans le langage des couturières, le mot *enfiler,* ou, pour rester dans le domaine artisanal, *emmancher* et *limer,* qui sont fort usités, de même *planter, triquer, tringler,* sans oublier *niquer,* qui a son charme[1]. On dit aussi *se faire niquer, se faire troncher, se faire trombiner,* toutes choses intéressantes, ainsi que – je ne vous les rappelle que pour mémoire – *se faire prendre, se faire foutre* et *se faire mettre* (avec la variante *se le*

1. En ce qui concerne *planter,* je me permets de vous rappeler le début très optimiste d'une fable de La Fontaine : « Un octogénaire plantait », presque aussitôt suivi, il est vrai, par le vers célèbre : « Passe encor de bâtir, mais planter à cet âge ! »

ou *se la faire mettre*), et *ramoner,* toujours artisanal (« ma petite cheminée aurait bien besoin d'un bon ramonage », écrit, je crois, Julie de Lespinasse). Le mot le plus fort, à mon sens, reste *piner,* qui peut être assorti d'adverbes (*profondément, posément, méthodiquement,* ou au contraire, selon les goûts et les inclinations, *férocement, impitoyablement, jusqu'à la garde, jusqu'à la gorge,* etc.). Mais il ne faut pas négliger certaines expressions courantes et populaires comme *sauter, se farcir, se fader.* Chez les tonneliers, *on se fait défoncer.* Chez les armuriers, on aime *fourbir.* On dit aussi tout simplement *se faire,* comme dans la phrase bien connue : *« je me la suis faite. »* Et bien entendu *se taper.*

Dans divers corps de métiers, menuisiers, serruriers, on peut *se faire cheviller, mortaiser,* si on est sensible à l'artisanat. Un peu partout, on peut *se faire loger.*

Trousser et *culbuter* ont un parfum de campagne, qui est loin d'être déplaisant.

Il en est de même pour *labourer,* pour *piocher,* pour *battre son beurre,* pour *se faire traire* (généralement à l'aide des mains), pour *aller voir la feuille à l'envers,* qui est si expressif (on croit entendre les oiseaux dans les branches). Je suis personnellement moins sensible à *usiner,* à *calibrer,* à *charbonner,* qui rappellent fâcheusement le monde ouvrier du siècle dernier.

Je vous signale à toutes fins utiles quelques vocables plus anciens, quelque peu tombés en désuétude, comme *caramboler, rouscailler, ourser, fricoter* (qui paraît-il connaît un renouveau dans la jeunesse des écoles), *racoutrer* et *ripper.* Dans le trésor de nos poètes lyriques du XVIe et du XVIIe siècle, si tragiquement oubliés, on trouve *accoler* (« un jour que j'accolai ma mie », *enquiller* et le ravissant *faire la grenouille à l'envers,* que nous devons au sieur de Sigognes (je ne plaisante pas).

On peut dire aussi *s'appuyer, se pointer une fille, jouer à la renverse, au trou-madame, à touche-pipi, à papa-maman, au repeuplement, à la bagatelle, au docteur.* On trouve dans Rabelais *faire la bête à deux dos, jouer à serre-croupière, se faire ratoconniculer,* dans Shakespeare *(Mesure pour mesure), tâter la truite dans un ruisseau privé,* dans Marcel Proust *faire cattleya* (du nom d'une fleur au corsage d'Odette) et *se faire casser le pot* (qui offre un sens assez particulier).

On joue aussi – pardonnez l'incohérence de cette lettre – *à mont' là-dessus, à la chatte perchée, à tourne-retourne, à patin-couffin, au bilboquet, au golf-miniature.*

Le langage religieux utilise de préférence *forniquer* et *copuler.* Il dit aussi *faire œuvre de chair, connaître charnellement. Polluer* et *fauter,* bien sûr. En certaines occasions précises, les hommes d'Église utilisent le latin, qui brave l'honnêteté, c'est bien connu. Mais je suppose que le latin ne peut guère vous aider dans vos doublages [1].

1. Si toutefois l'occasion se présentait, je pourrais vous prêter le remarquable *Glossarium eroticum linguae latinae,* de Pierruges, que je possède dans l'édition de 1826. C'est un ouvrage de base.

Amusante analogie religieuse, qui nous vient curieusement d'Afrique du Nord : manger du pain de fesses.

On dit aussi *se payer une fille,* ou un homme. Et on peut même *se l'offrir.*

Pratiquer *le coït, coïter, s'accoupler* et *s'unir* sont d'une grande banalité. Je ne les cite que pour mémoire. A l'opposé, dans le trésor des régionalismes et des expressions corporatives, je retiendrai volontiers *se faire saucissonner, se faire tamponner le butoir* et *y aller au piston, se faire grimper* (pays de montagnes) et dans le langage militaire *sabrer, pourfendre, hussarder, cosaquer* et *passer sur le corps.* Je note *enfourner,* pour les boulangers et les mitrons. J'ajoute *folâtrer* (qui est assez mignard), *s'envoyer en l'air, faire une partie de jambes en l'air* et, dans le langage des cuisiniers, (outre *farcir,* déjà cité), *embrocher, larder, récurer, faire revenir à feu doux et* passer à la casserole.

Enfin, le plus courant de tous, mais non le moins beau, *faire la chose.*

Après la seconde guerre mondiale, les soldats américains en Europe disaient fréquemment faire *zig-zig*. J'en ignore la raison. Toutes mes recherches sont restées vaines. Mais j'ai découvert que dans le monde du cirque on dit, encore aujourd'hui, faire *zag-zag* (avec un accent allemand).

Un mot ancien, que j'allais oublier, est *fournir,* qui est transitif ou intransitif. Restif de la Bretonne employait souvent *fourgonner, perforer, emboucher.* On dit aussi *y aller de son va-tout* et, beaucoup plus simplement, *y passer.*

Dans nos campagnes, on assure d'une jeune fille qui s'est déjà livrée à l'exercice *qu'elle a vu péter le loup,* ou *passer le train,* ou *rougir le petit timide.*

Certains hommes frileux peuvent parler de *se la mettre au chaud.* Dans les milieux coloniaux, on disait : *se la mettre à l'abri des moustiques.*

Un mot ancien, très largement utilisé, est *besogner.* Il ne me plaît guère. Je préfère *bouquiner,* plus rare, qu'on trouve dans Ronsard aussi bien que dans Mirabeau, et qui a quelque rapport avec les pieds fourchus des satyres.

Dans le langage manouche, qui est fort secret, on dit *bavouiller.* Une femme qui ne rechigne pas est une *bavouilleuse* ou une *bavouillaveuse.* Dans d'autres milieux on dira *qu'elle n'est pas une boudeuse, qu'elle aime ça, qu'elle ne dit pas non, qu'elle est saute-au-paf, une bonne, une excellente, une exceptionnelle affaire.* On peut dire tout simplement qu'elle est une *Sésame,* qui s'ouvre quand on le lui demande (poliment). Je passe rapidement sur certaines expressions banales, *une redoutable, une dévoreuse, une insatiable,* et je m'arrête presque aussitôt, car les mots qui désignent une femme de mauvaise vie (quelle sinistre expression !) sont innombrables. Rien n'est plus limité que le vice, disait le baron de Charlus. Rien n'est plus infini que les mots qui servent à en parler. D'une femme qui aimait l'amour, on disait dans ma jeunesse : Elle est *bath au pieu.* Le dit-on encore ? Je l'ignore. Les mots ont changé. Mais les choses ?

Je vous signale encore, car vous ne le savez peut-être pas, qu'on peut dire d'une femme qui a longtemps pratiqué l'exercice : *Elle a beaucoup d'heures de vol.*

Pardonnez cette digression.

Procédant sans ordre – mais au fond le désordre est une sorte de culture : quoi de plus désordonné que l'*Encyclopédie ?* – je mets à côté du langage des bohémiens *tenir ses ébats,* qui est très ancien, et aussi *tenir ses déduits,* qui est assez fréquent au XVIe siècle (« Toute la nuit, ils tinrent grand déduit »).

Enfin – où ai-je la tête ? – j'allais oublier le très beau *calcer,* qu'on écrit quelquefois *calecer,* et bien entendu *tirer un coup, tirer une crampe, en tirer un, en prendre un coup dans le beignet, dans le fion, dans le ventricule,* ainsi que *saillir, monter* et *couvrir,* qui font plutôt vétérinaire. Et *furer,* qui est assez rustique.

Un dernier mot pour *bourrer* et pour *fourrer* (« Voici ton vrai fourreau » dit la Juliette de Shakespeare) et pour quelques expressions moins courantes, dont vous ferez ce que vous voudrez, *se faire empaffer, se faire tirer, se faire enconner, se faire machiner, se faire travailler au corps, se faire polir le tunnel, se faire astiquer les méandres, se faire vernir le vestibule,* et dans le langage des postiers, *se faire emboîter.*

On peut aussi *donner du bâton,* au propre comme au figuré, et *laisser passer les olivettes,* pour ceux qui ont gardé le goût de la ronde. Si l'on veut souligner que la pratique est fréquente, mais peu soignée, on dit *queuter.* Si l'on insiste sur le peu d'importance accordée à la chose, on dit *baizouiller.*

Chez les menuisiers et les tonneliers, pour souligner un manque d'expérience, *on se fait trouer,* ou *décapsuler.*

Chez les pinardiers, on dit indifféremment *se faire boucher* et *se faire mettre en perce,* expressions qui ne sont contradictoires qu'en apparence. Quand vient la canicule, *on se fait arroser,* chez les amateurs de jardins.

En langage très familier, *on en prend un coup dans les échauguettes,* ou *dans le milieu,* ou *dans le caleçon, on se fait enfourcher.* Les cavaliers *chevauchent* – et il leur arrive de cravacher. D'autres, simplement, *se font dégonfler.* On peut aussi *en prendre un petit coup dans les baguettes.* Pourquoi baguettes ? Je ne sais pas.

Je m'arrête ici, chère mademoiselle. Dans le grand fouillis où je vis, j'ai sans doute égaré une partie de mes notes. Vous pardonnerez donc mes oublis. J'espère néanmoins que j'aurai pu vous être utile (sans toutefois le joindre à l'agréable) aussi bien pour votre travail que pour votre instruction personnelle.

Ma nomenclature n'a rien d'exhaustif. Chacun peut y introduire – tiens, j'ai oublié *se faire introduire, se faire pénétrer, se faire vriller,* et qui sait quoi encore – ses propres inventions. C'est même souhaitable. Une langue ne vit que par ceux qui l'inventent.

Je me tiens à votre disposition et je vous prie de croire à mes sentiments – et à mes connaissances – très dévoués.

P.S. Vous m'avez gentiment proposé une rétribution. Certes, la retraite d'un professeur n'est pas grasse. Mais je suppose que vos appointements n'ont rien de mirifique. C'est pourquoi je vous dis : faites de ma lettre ce que vous voudrez ; et sachez – je plaisante, bien sûr – que j'accepte des paiements de diverses natures.

Deuxième lettre

Paris, le 19 septembre

Très chère mademoiselle

Je suis littéralement enchanté que ma lettre vous ait intéressée au point, dites-vous, de l'apprendre par cœur. Et certes le vocabulaire est une bien belle chose. Un jour, si l'occasion s'en présente, je vous parlerai des mots et des amours que nous eûmes ensemble.

Pour le moment, revenons à notre travail. Si ma liste des mots et expressions désignant l'acte d'amour vous semble assez complète, vous me reprochez d'en être resté là ! Pitié pour la solitude où je vis : comment pouvais-je supposer que vous désiriez également les mots qui désignent le sexe, masculin et féminin ? Ou plutôt : comment n'y ai-je pas pensé ?

Réparons vite cet oubli.

Commençons par le sexe qu'on dit beau et faible. On l'appelle généralement *le con,* qui vient selon de bons auteurs du latin *cuna,* qui veut dire berceau et qui ne s'est appliqué aux imbéciles que plus tardivement. On a pris coutume de traiter de cons, en effet, les hommes qui attachaient trop d'importance à leur berceau de chair. Mais le mot lui-même me semble fort beau, contrairement à l'opinion courante.

Outre *le con, la chatte, la motte* et *la touffe* sont les plus usuels. Mais permettez-moi également de vous rappeler *le triangle,* qui a quelque chose de musical, *la toison,* et un mot ancien fort charmant, le *pertuis.*

On utilise également la *figue* – c'est un italianisme – *l'abricot, la prune* (généralement tous les noms de fruits) et un grand nombre d'expressions qui évoquent un paysage campagnard, agréable et humide, par exemple *le vallon, l'amoureux ruisseau* (Ronsard), *le doux passage, le petit jardin, le mamelon, le petit mont d'amour, le*

Mont-de-Vénus. J'y ajouterai *la source, la mousse* (ou *le moussu), le gazon, le riant bocage.* Tout cela tourne autour du jardin, comme *le fossé,* comme *le puits d'amour,* qui est aussi un gâteau. Chez un anonyme du XVIIe siècle, j'ai trouvé *le touffu ermitage,* où l'on aimerait faire retraite.

Ajoutons, parmi les dénominations courantes, mais sans rapport avec un paysage, *la moule, la chagatte, la cramouille, la grotte-à-papa,* avec bien entendu *le minet, le minou, la minette* (ces trois derniers en rapport évident avec *la chatte*) et ce mot délicat du XVIe siècle, que j'allais oublier, l'ayant pourtant sur le bout de la langue, *le sadinet.* Je complète ce paragraphe avec *la mouillette, la friandise, le feuilleté* et *le carquois.* Pour faire bonne mesure, citons *la chaufferette.*

J'avoue une certaine attirance pour *la fente,* qui nous conduit tout droit à *la tire-lire* (avec une variante amusante, *la tire-lire à moustaches).* On dit aussi *le plissé* (ou *plissé parisien*), *le ridé, le fripé,* que j'aime moins. Je préfère tout simplement *la boîte à Popaul* ou *la boîte aux rêves.* Vous remarquerez l'usage fréquent du mot *boîte.* Il y aurait beaucoup à dire là-dessus.

Citons *le mille-feuilles, le poilu* (et par voie de conséquence *la tranchée*) ainsi que *le barbu* et *le frisé.* On dit aussi *l'étui* et, chez les musiciens, *l'étui à clarinette.* Quand il s'agit d'un endroit bien connu pour le grand passage qui s'y pratique, on dit c'est *l'entrée du métro* ou bien *la ligne Maginot* (qui offre peu de résistance). On entend également *l'entrée de l'autoroute* ou, plus simplement, quand une rétribution est demandée, *le péage.* L'idée, si l'on ose dire, est la même.

Au XVIIIe siècle, et principalement chez Restif de la Bretonne, on trouve tout simplement la nature. Parmi les noms de fruits, outre *la fraise* (très précisément la fraise dans la mousse) et *la framboise,* il ne faut pas négliger *la pistache* et surtout *l'amande. Le pubis* est très discret, presque scientifique. *La brèche* a quelque chose de militaire. Cela appelle l'assaut. *La chaude fleur* évoque, je ne sais pourquoi, les Tropiques.

J'aime aussi *le semis de printemps,* qui donne une idée de fécondation, et aussi *le tiroir, le secret, la frite* et même *la conque du pèlerin* (« En y collant l'oreille, entendrai-je la mer ? » se demandait Victor Hugo) et *la fissure.*

Restent *le portefeuille, la boîte à ouvrage* et *le vide-poches.* Je les laisse à votre appréciation, ainsi d'ailleurs que *l'étui à cigares.*

Un mot encore : on disait autrefois *la moniche* ou même *la monette.* Cela fait très XVIIIe siècle. *La craquette,* en revanche, ferait plutôt dix-huitième arrondissement (« On y voit des jeunes filles jouer au pénis avec leurs craquettes » écrivit, je pense, Paul Claudel, un jour de gaieté). Pour faire bonne mesure ajoutons *le beignet, le panier* (avec la fameuse main au), *la fourrure* et – déjà cités dans ma première lettre – *le tunnel,* ou *tunnel d'amour, le vestibule, le corridor des braves* et *le tutu.*

Je n'aurais garde d'oublier, diminutifs du berceau originel, *la conasse* et *la conette.* Pour les alpinistes, retenons *la grande crevasse.* Pour les laboureurs, *le sillon.* Pour les littéraires, *le rouge et le noir.* Pour les cinéphiles, *le sentier de la gloire.* Pour les spéléologues, *l'Aven Armand, la grande galerie.* Pour les maçons *la lucarne,* ou encore *la cheminée* (« Ça doit bien tirer, ces grandes cheminées », ai-je entendu dire au passage d'une femme de haute taille). Dans *L'Immaculée Conception,* Éluard et Breton l'appellent – dans le même esprit – *la fenêtre.*

Parmi nos poètes baroques, nous trouvons *le doux milieu* et *le brun séjour,* que nous devons au sieur Motin. Jodelle a insolemment parlé *d'une étable à vits* (mais ne vaut-il pas mieux, dans ce cas, être l'étable que le bétail ?), et La Valletterie du *lieu bas.* Rabelais a même indiqué une *solution de continuité.*

On parle aussi souvent de *la gaine* et *du fourneau* (dont on aime la chaleur naturelle). En langage religieux, on parle presque exclusivement du *vase,* et même du *vase naturel.* C'est un mot qui revient constamment sous la plume du jésuite Thomas Sanchez, qui fut chargé, au XVIe siècle, de rédiger un énorme livre, destiné aux confesseurs, dans lequel devaient être prévus et codifiés – avec les châtiments correspondants – tous les cas de péchés de chair.

Imaginez les tourments du pauvre homme. On dit qu'il ne mangeait jamais ni poivre, ni épices, et qu'il passait sa vie sur *deux* bancs de marbre. Quand l'un était chaud, il allait s'asseoir sur l'autre. En outre, pour lutter contre les tentations qui l'assaillaient, il maintenait constamment ses pieds à dix centimètres au-dessus du sol.

J'ai essayé. Ça ne donne rien.

Le chef-d'œuvre du père Sanchez (que je possède) s'appelle *De Sancti Matrimonii Sacramento.* On peut dire de cet ouvrage que, par l'intermédiaire des confesseurs, il a ordonné toute la vie sexuelle de l'Occident pendant trois siècles [1].

Revenons maintenant à nos chères études.

Puisque j'ai parlé du *barbu,* je ne peux pas faire autrement que de parler de la *barbichette* (celui qui rit en la tenant, on sait ce qu'il aura). Ajoutons – c'est du XIXe siècle – *le trou qui tète,* ainsi que *la tabatière* (pour les bonnes prises). Rappelons que dans une opérette célèbre, *Le Comte Obligado,* la fille du Bédouin rangeait ses bananes dans *son petit couffin.* C'était une jeune fille très soigneuse.

Puisque nous sommes dans les pays chauds, restons-y avec la *taamoute* que nous envoie l'Afrique du Nord.

---

1. On peut y ajouter – car Sanchez eut des contradicteurs – *Des différentes luxures,* ouvrage du père Billuart, jésuite français du XVIIe siècle, et l'excellente *Théologie amoureuse des peuples d'Occident,* écrite au siècle dernier « par un ancien chanoine ». Bien entendu, je possède ces ouvrages et je peux vous les faire tenir, ainsi que le très célèbre *Manuel des Confesseurs,* de Mgr Bouvier, chef-d'œuvre d'obscénité ecclésiastique.

Très français, en revanche, *la foufoune,* et *le foufounet.* Ils viennent du pays des froufrous (« par son jupon, la femme... »).

Un autre mot ancien, qui me revient soudain, c'est *le cas.* Il fut très usité jusqu'au XVIIe siècle. J'y ajouterai *le conin,* qui est très délicieux, *la fourche* (décidément très paysan, ainsi que *le rosé des prés*) et enfin *le conduit, le soupirail, le terrier rose* et *le buisson pointu.*

Je vous donne encore *le chiffon* et *l'entaille douce.* Dans un bar du neuvième arrondissement, j'ai entendu parler, un soir, *du ravin du plaisir.* C'est à Baudelaire, comme vous le savez, que nous devons le *bijou rose et noir.*

Je dois m'arrêter ici, chère mademoiselle, car nous pourrions faire entrer dans notre nomenclature féminine l'histoire naturelle et la géographie tout entières. Il existe un panthéisme du sexe. Tout est sexe, et le sexe est tout. Chaque fleur, chaque fruit nous l'évoque, chaque source, chaque sentier, chaque château. Dans une exquise chanson des années cinquante, Guy Béart a même parlé des *comptoirs de l'Inde :* « Elle avait, elle avait, le Pondichéry facile... » Vous vous rappelez ?

Je dois cette fois m'arrêter si je veux vous dire quelques mots de l'organe masculin, objet de tant de soins et de tant de légendes. Ici, le domaine du vocabulaire est pratiquement illimité. Dans un film récent, assez misérable, j'ai même entendu parler *du biniou !* Pourquoi pas *le cheval-vapeur* ou *le réséda ?*

Il faut montrer un peu de rigueur, ici comme ailleurs.

D'abord, honneur à la science. Elle nous parle essentiellement du *phallus,* du *pénis* et de *la verge.* J'y ajouterai *le gland,* en vous mettant en garde de ne pas prendre la partie pour le tout.

Les mots anciens sont *le vit, le dard, l'épinette, le braquemart* et *l'arbalète.* J'y ajoute *le cas,* qui s'emploie aussi bien pour le masculin que pour le féminin. Je devrais dire : qui s'employait. On peut y joindre, dans un grand désordre, les usuels, c'est-à-dire *la bite, la pine, la queue, le paf, le légume d'amour, le bout, la vigoureuse, la pénétrante, la vibrante, le mât* pour les marins, et même *le grand mât,* ou encore *le mât de cocagne, le biscuit, le dressé, le coq hardi, le manche, le manche à gigot, la massue à pucelles,* ou tout simplement *le dur* ou *le raide* (« Tu veux un coup de raide ? ») et *l'aiguillon,* utile aux laboureurs.

Que vous signaler encore, qui puisse vous rendre service ? *Le nœud,* bien sûr, qui se rapproche de l'enfilage (nous sommes toujours chez les couturières), *l'organe,* terme très général, quelque peu solennel (« il a un très bel organe » se dirait plutôt d'un chanteur) et, comme on entend dans certains cercles, *la canne à Marcel, l'instrument, l'engin* et *l'outil,* qui mettent l'accent sur l'utilité, ou bien *le cierge,* pour les premières communions, ou encore *le gicleur* (pour les mécaniciens), *la serpette, la binette* (toujours les outils), *la douceur à Suzette,* ou *le grand bâton du père Gaspard.* En général, tout ce qui se rapproche du bâton peut servir. Ainsi *le gourdin,* très évocateur (« J'ai perdu, j'ai retrouvé le gourdin ») ou encore *la trique* (rappelons-nous le beau roman de Pierre Benoît *Adieu la trique*).

Très végétale, à rapprocher du gland, voici *la tige.* Banal, courant, voici *le membre,* ou *membre viril.* Ajoutons, si vous le voulez bien, *la quéquette,* ou *quiquette, le zizi, le zob* (très oriental, et très justement estimé), *la biroute,* qu'on appelle plus familièrement *la bistouquette, le quiqui, le quiqui-joli, la banane, la grosse ou la petite zézette, la bibitte, le trait-d'union,* sans oublier *le robinet des boit-sans-soif, la manivelle du sapeur* et aussi *la manette à Moïse* (peut-être en souvenir de la verge d'airain ?). A propos de zob, il me revient qu'on dit quelquefois *le zobi* (« l'est joli, mon zobi ») et *le zizi pan-pan.* On dit aussi, d'ailleurs, *la flûte de pan-pan.* En cas de refus de service, n'oublions pas la boudeuse.

Les lecteurs de Zola utilisent *la bête humaine, le bonheur des dames.* Barbey d'Aurevilly, dont la fatuité était sans mesure, appelait son membre *Formidable.* Si nous voulons sourire un peu, rappelons que certains l'appellent tout simplement *Popaul, Charlie* et même *Line.* Pourquoi ? Parce que « Line est branlable ».

Quand les dimensions inspirent le respect, voire la crainte, on parle de *la matraque,* du *bélier* et du *petit âne.* Au contraire, quand il s'agit d'une chose modeste, on dira *le radis, la frite, la virgule,* quelquefois même *l'asticot.* Autrement dit : *la bricole* [1].

Le fusil à deux coups dit bien ce qu'il veut dire, et reste relativement modeste (ce n'est pas le cas de toutes les armes).

---

1. Sulpicius raconte que c'était le cas de saint Martin. A sa mort, on remarqua que son membre ne dépassait pas les dimensions de celui d'un petit enfant.

Si l'on veut insister sur l'indispensable survie de l'espèce, on peut parler de la *fécondante,* voire de *la grande semeuse.* Si on aime le ton badin, on dit *le joujou des demoiselles.* Les technocrates contemporains aimeront sans doute *la performante.*

Le cigare à moustaches a quelque chose de viril. *Le chinois* est bien élevé, car on se fait polir le chinois. On dit aussi *le sucre d'orge* et il arrive qu'on le trouve *rêche.*

Je ne vous rappelle que pour mémoire le fameux passage où les servantes de Gargantua jouent avec le contenu de sa braguette, l'appelant, entre autres, *ma petite dille, ma branche de corail, mon bondon, mon bouchon, mon vilebrequin, mon poussoir, ma petite andouille vermeille.*

J'ai entendu dire une fois, par une dame parlant de son mari : *Il est pas manchot de sa petite jambe.* Et elle ajoutait cette précision : *il est toujours midi à sa pendule.* On disait aussi – le dit-on encore ? – *le gamin,* d'où l'expression : *je vais faire pleurer le gamin.* Enfin, comment passer sous silence *la bébête* (qui monte, qui monte) un charmant régionalisme méridional, *la zizoune,* et cette expression populaire parisienne, *l'élastique,* souvent employée comme suit : *j'ai l'élastique toujours bien tendu.* Toujours à Paris, j'ai entendu : *le tuteur des deux orphelines.*

Puisque nous en sommes à parler prouesses, une courte digression. Je déteste les chansons de corps de garde, qui sont stupides et surtout mensongères. On y admire les amants qui multiplient à l'infini leurs exercices. Or, nous savons bien que ce n'est pas au nombre de coups de feu qu'on juge le bon chasseur. Cependant, puisque nous parlons de vocabulaire, rappelons à ce sujet l'expression *ne pas avoir ses couilles dans sa poche* (ses couilles ou autre chose) et *la manivelle à répétition.* Dans le même esprit, si j'ose dire, quand on parle d'un habile manipulateur, ou de quelqu'un qui sait faire illusion, on peut dire qu'il a *la braguette magique.*

J'ai entendu dire d'un de mes voisins, qu'on prétendait infatigable : *faudrait lui mettre un caleçon en zinc.*

On appelle certains autres *tout ce qui passe* ou *fourre-tout.*

Fermons cette parenthèse et revenons à notre objet.

Nous avons parlé de mortaise, il ne faut pas oublier *le tenon.* On connaît également des architectes qui citent *la colonne,* ou le pilier d'amour. Ceux qui ne peuvent vivre sans idole utiliseront *le totem.* Pour ceux qui aiment les cinq-à-sept, que dire de *la visiteuse* ? Pour les athlètes, voici *la musclée.*

Parmi les poètes baroques, nous trouvons souvent *le pilon* (et son complément *le mortier,* que j'ai oublié précédemment), *le phare,* qui est orgueilleux, *le fétu,* qui est beaucoup plus humble, *la quille, le concombre galant* et chez Ronsard *la flambante chandelle* [1].

1. Rappelez-vous, toujours chez Ronsard, ce vers souvent mal lu : « Quand vous serez bien vieille, au soir, à la chandelle... »

Chez les cordonniers, on disait *le tranchant* et aussi *l'alumelle* (le dit-on toujours ?). Chez les menuisiers et les mécaniciens, on entend encore *la chignole.* Retenons, dans l'argot du XIXe siècle, *la gogotte* et *la brette* (Armand Gouffé), ainsi que *la broque* et *la broquette* (Brazier). Au XVIIIe siècle on disait déjà *le goupillon* et *le Père Frappard.* De tous temps, on a dit *le Priape.*

Le levier est fort ambitieux. « Donnez-moi un levier et je soulèverai le monde », disait Archimède. *Le bourgeon, la petite pousse* sont plus printaniers, plus modestes. Parmi les noms d'animaux, je vous citerai *le lézard,* qui indique des tendances paresseuses. Quant à *la flamberge,* elle a quelque chose de brandi, de conquérant. Elle est frémissante dans le vent.

Il faut aussi mentionner *la baguette, la cheville ouvrière, la cheville à repeupler la France* et, en hommage à Pascal, *le roseau bandant,* sans oublier *le zoiseau à Lucette.* Il ne faudrait d'ailleurs pas négliger des mots tout simples comme *l'attirail, l'éventaire, l'appareil* et *la devanture.* On parle assez souvent *d'un trois pièces sur le devant* et de la marchandise (« il m'a montré toute sa marchandise »).

Réservé à certains milieux technologiques, je citerai aussi *la tête chercheuse. Le beffroi* est limité à l'Alsace et à la Belgique. *L'obélisque* n'est pas sans quelque prétention (il arrive qu'on y trouve même des inscriptions, en l'occurrence des tatouages, comme « tout pour elle »). On dit aussi *la trompe* (énormément), *le périscope* (quand on fait la chose à l'aveuglette), *le porte-enseigne* et *le glaive de Jules.* Et *le jonc,* que j'allais oublier ! Et *le piton,* d'où on surveille les frontières !

Disons encore *le brise-miches, le brigadier,* assez fréquent dans le monde du théâtre (peut-être à cause des trois coups), *l'étrave* (marine marchande), *le jeune cadre* (cyclisme), *la jambe du milieu* (médecine), *le perce-neige* (pour les bergers des alpages).

On dit aussi *la flèche, le grand chauve, le colibri, la béquille à Janine* (elle vient en aide aux convalescentes).

Il faut nous limiter, hélas, d'autant plus qu'un organe masculin reste incomplet si on n'y ajoute pas *les testicules,* qu'on appelle aussi *couilles.*

L'ensemble constitue *les parties,* qui peuvent être *nobles* ou au contraire *honteuses.* C'est comme on veut. Elles sont en tout cas *intimes, fragiles, viriles* et *secrètes.*

Des testicules, mademoiselle, je dois vous dire quelques mots, même rapides. Les mots servant à les désigner sont sujets à invention constante. Je ne puis vous en donner que les principaux, *les boules, les boulettes, les pendentifs, les roustons, les roupettes, les roubignolles* et *les burnes.*

Au XIXe siècle, dans le langage des apaches, on disait *les bastos, les balloches.* Vers 1925, *les Dolly Sisters.* Plus littéraires sont *les deux gosses, les deux orphelines, Daphnis et Chloé.*

Ajoutons, parmi les dénominations courantes, *les joyeuses* (dont Jean Rigaux revendique l'invention), *les précieuses, les valseuses* (de Bertrand Blier), *les bijoux de famille, les colifichets, les jumelles, les bonbons* (on dit aussi *les bonbonnières*), *les mignonnes* ou *mignonnettes, les fèves, les bagatelles, les noisettes, les ombragées, les boucles d'oreille* et *les castagnettes.*

Pour illustrer ce que je vous disais au sujet de l'adjectif – ennemi numéro 1 du poète – vous allez voir ce que je veux dire quand je parle de l'infini. Prenez n'importe quel adjectif et faites une tentative. Vous verrez, ça marche à tous les coups. Ainsi (je ne réfléchis pas) *les dormeuses, les entêtées, les engourdies, les discrètes, les pensives, les ballottantes, les bourgeoises, les laborieuses, les dilettantes, les oubliées, les communautaires,* et ainsi de suite.

Les adjectifs sont le désespoir du lexicographe.

Passons à plus concret, mentionnons *le sel et le poivre, l'huile et le vinaigre.*

N'oublions pas *Marthe et Marie, les captives* et *les cacahuètes.* J'aime beaucoup, à l'approche du mois de mai, *le gros muguet.*

Ajoutons *les génitoires, les bibelots japonais, les pendeloques du grand lustre, les grelots* (avec la célèbre phrase : « agiter en s'en servant »), *les cerises à tonton, les deux timides* et puis, tout simplement, *les deux.*

Mettons ensemble, dans le même sac, *les noix, les noyaux, les noisettes.* On entend souvent dire : « Tu me casses les noix », et pas seulement à la campagne.

Ayons une pensée pour *les patates,* utilisées dans cette expression fameuse, pour exprimer une grande fatigue : « J'ai les patates au fond du filet ». Citons pour mémoire *les fèves.*

Chez les marins et chez les tapissiers, on dit volontiers *les pompons.* Quand on les touche, ça porte bonheur. Notons le diminutif, simple mais charmant : *les pomponnettes.* J'y ajouterai, assez effrontées, *les galopines,* qui évoquent de plusieurs façons le cheval.

N'oublions pas *les billes* et *les sacs à billes,* ainsi que *les agates,* qui ont quelque chose de plus rare. Un boucher que je connaissais parlait quelquefois de *ses bas-morceaux* et vous savez que tous les confiseurs ont leurs *dragées,* qui ne servent pas que pour les baptêmes.

Un homme que je connaissais avait coutume d'aborder un jeune homme de ses amis en lui demandant : « Bonjour, monsieur. Comment va votre paire ? »

Dans ma jeunesse, j'ai entendu dire *les fragiles, les sucrées, les sacro-saintes* et même *les clochettes de la Vierge Marie.* Cela me semble tombé hors de l'usage. Vos spectateurs n'y comprendraient strictement rien et se plaindraient à juste titre.

En revanche, on peut utiliser *les œufs,* qui est un hispanisme, *les jujubes* (fruits du midi de la France) et même *les fruits de la passion.* Quand il y a lieu de se plaindre, on peut parler *des paresseuses.* J'ai même entendu dire *le double zéro.*

Cette liste, je vous le répète, n'est nullement limitative. C'est d'ailleurs le cas de toutes les listes. Chacun peut apporter son mot et rares sont ceux qui s'en privent. Ainsi un facteur parlera de ses *sacoches,* un malandrin (ou un banquier) de ses *bourses,* un enfant de chœur de ses *burettes,* un opticien de ses *lunettes,* un ancien combattant de ses *obus* ou de ses *douilles* (qui généralement sont vides), un explorateur arctique de ses *frileuses* ou de ses *marrons glacés.*

Les mots naissent quelque part. Certains meurent à l'endroit même où ils sont nés. D'autres deviennent les mots de tout le monde.

Comme disait un de mes amis, qui rêvait d'être un mot : « Ah ! Etre sur toutes les lèvres... ».

Bien sûr, ce n'est qu'un rêve. Il en est aujourd'hui des mots comme des vieilles maisons et des espèces animales : ils disparaissent. Ceux qui restent sont les plus médiocres, les plus faciles. Manquant de qualité, ils s'usent très vite, ils perdent toute couleur et toute force. Ils en arrivent à perdre même leur sens. Etonnez-vous qu'on ne s'entende plus.

Très chère mademoiselle, j'espère vous avoir satisfaite. Certes ma mémoire a baissé, comme le reste, mais je peux encore défier des spécialistes plus jeunes que moi. A bavarder avec vous, des sentiments et même des sensations me reviennent, que je croyais enfouis, perdus. Je vous en remercie. N'hésitez pas à faire appel à moi et même à me rendre visite. Je suis prisonnier de mes papiers. Je ne sors plus guère.

Autrefois mes collègues me plaisantaient. Ils m'appelaient « le chevalier des dards et mettre » et, par dérision, ils me nommèrent un jour « Grand connétable du mérite sexuel ».

Ma vie – ai-je besoin de vous le

dire ? – n'a pas été à la hauteur de ma science.

Croyez-moi votre tout dévoué.

P.S. Avec votre permission, je me permets de joindre à cette lettre, puisque maintenant nous nous connaissons un peu, quelques-uns des dessins qu'il m'arrive de griffonner, le soir, pour me détendre. Sans doute vous paraîtront-ils frivoles, comparés à l'austérité de mes études. Mais c'est précisément pour mettre, si possible, un peu de gaieté dans notre travail, que je vous les fais parvenir – et aussi dans l'espoir de vous donner de moi une image moins rabat-joie, moins poussiéreuse, que celle que vous vous êtes faite, sans doute.

Vous remarquerez que la plupart de mes dessins s'inspirent d'un jeu de mots.

Je n'en ai pas honte, croyez-le bien. Chacun joue avec ce qu'il a.

Troisième lettre

Paris, le 10 novembre

Chère Françoise

Merci, merci pour votre coup de téléphone ! Votre voix m'a réchauffé, vos paroles m'ont touché le cœur. Je vis seul et on ne m'appelle jamais, ou bien par erreur, quelquefois.

Ainsi, mon travail vous a aidée, j'en suis très content. On vous a félicitée pour votre dernier doublage ? Bravo ! Voici ma vie qui sert enfin à quelque chose.

J'ai poursuivi mes recherches dans le sens que vous m'avez indiqué. J'ignorais qu'on tournât des films « homos », comme vous dites. Cela m'étonne un peu. Cependant, je ne suis pas là pour juger mon siècle, mais pour le servir. Mon domaine, c'est le vocabulaire. Je suis professeur de vocabulaire et je puis vous communiquer quelques mots assez expressifs et variés concernant l'aspect postérieur de l'acte sexuel que les Chinois appellent « prendre la porte de derrière ».

Vous verrez, c'est intéressant.

Avant de parler de l'acte lui-même, et de ceux qui s'y adonnent, parlons quelque peu de l'endroit. *Le cul,* autrement dit *le derrière, le fondement, les fesses, le postérieur,* s'appelle aussi, en langage passe-partout, si j'ose dire, *la base, le siège, le croupion* ou *la croupe.* En style résolument plus populaire, on dit *la raie, le prose, le pétard, le popotin, le derche, le tralala, les miches.* Plus triviaux, voici *le fion* et *l'oignon,* qui s'appliquent plus précisément à *l'anus,* ou *trou du cul,* qu'on appelle en abrégé *le trou, la percée, l'orifice,* et en langage plus recherché *l'étoile du soir, le sens interdit, le fruit défendu, le puits sans fond.*

On dit aussi, mais c'est plus littéraire, *la fleur du mâle* et *le monocle.* Cela s'appelle aussi *le petit,* expression empruntée au jeu de tarots (« Je me suis fait prendre le petit »), *le pincé* et bien entendu *la pastille* avec cette précision : *la Valda.*

Je citerai *le beignet, le baigneur* et *le tambour* (« Il donne par la baguette ce qu'il reçoit par le tambour » se dit d'un individu actif et passif), *le danseur* et *le rebondi.* Dans le domaine musical, retenons aussi *les cymbales.* Pour ceux qui mangent sur le pouce, *le croque-monsieur, le sandwich.* Également *les noix,* que nous avons déjà notées pour les testicules. Également *le profond, la mine, le terrier, l'isoloir* (on y vote à bulletin secret). Assez rare : *le caramel.* Assez drôle : *le berlingot.* Assez moyenâgeux : *le petit écu.* Réservé aux enfants de troupe : *le trou de balle.*

Gardons en mémoire *le résonnant, le bouffi* et *le rembourré.* Notons *le président,* pour lequel j'ai un faible, car j'y vois de la majesté. Sachons qu'au XVIIe siècle on disait *l'ami des fauteuils* et *le confident des coussins.* Dans les milieux ecclésiastiques, que nous n'aurons garde d'oublier, on dit volontiers *le reposoir,* comme dans la phrase : « Je vais mettre un cierge au reposoir ».

Je trouve assez admirable *le valseur.* J'aime également *le petit frère.* J'apprécie *l'autel de passe, le grognon, l'as de pique* et *le rouspéteur.* A Rome, il est d'usage, pour exprimer son admiration, de parler de *la huitième colline.*

Ailleurs, et principalement parmi les hellénistes, on entend parler de *l'anneau grec,* du *passage de Corinthe* et même du *petit goulot de Ganymède.*

Dans les couvents, qui n'a pas entendu parler du *père foré ?*

On disait au XVIII siècle, époque d'élégance (au moins dans le vocabulaire), *le souterrain de la rue de la lune.* On dit *le four, la porte arrière,* également *le rond* et tout ce qui tourne autour de l'idée de rond, *le cercle* (qui peut être intime, très fermé ou au contraire de famille, ou bien vicieux), *la rondelle, la margelle, l'anneau* et plus particulièrement *l'anneau de Saturne.*

Le *postère* et *l'arrière-train* peuvent être cités dans les meilleurs salons. Il en est de même, si l'on prend quelques précautions, pour *l'annexe, l'entrée des artistes, la face cachée de la lune, la bouche d'ombre* et *le joufflu* (très charmant, qui désigne l'ensemble).

Quelques précautions s'imposent en revanche si on parle de *la boîte à gaz,* du *cumulus,* de *la chambre noire* (où s'effectuent les bons tirages). Assez dissimulé, voici le *cagibi.* Très fin de siècle, le *suivez-moi jeune homme.* Apanage des gastronomes : *la truffe.* Point de mire des militaires : *l'embusqué.*

Les autorités ecclésiastiques, auxquelles je me référais dans mes premières lettres, ont très souvent condamné l'usage du *vase illégitime,* ou *vase maudit.* La pratique sodomique est à leurs yeux très hautement damnable. C'est *le commerce odieux.* D'où certaines expressions véhémentes, chez les poètes et orateurs religieux du XVIIe siècle, comme *le chenal de Satan, le trou d'enfer* et *le couloir de la malédiction.* Assez beaux, dans cette condamnation sans appel, me semblent *l'huis noir, le puits de nulle grâce, le seuil de la très longue peine.*

Revenons, s'il vous plaît, à nos frivolités.

Voici *le passage des amateurs* et *le défilé des gourmands.* Par opposition à la fenêtre (toujours féminine), on dit aussi *la lucarne* et bien entendu *la lunette arrière.* Signalons *le petit cratère* et, toujours dans la marine marchande (mais qui s'en étonnerait ?) *le hublot du capitaine* (« va, petit mousse... »).

Au XIXe siècle on disait *le bocal, le boc, le pète, le poèt-poèt,* également *la pièce de dix sous. Troufignon* et *troufignard* se disent aussi. Plus rare est *le tal,* aujourd'hui disparu, il me semble.

Passons maintenant, si vous le voulez bien, à l'acte lui-même. Le mot le plus courant est évidemment *enculer.* Mais il est des façons plus aériennes d'exprimer la chose. Nous avons vu déjà *prendre la porte de derrière, s'adresser à l'annexe.* J'y ajoute *emprunter le tunnel d'amour, allumer les rétro-fusées* (vous voyez que je suis de mon temps) et d'une façon générale tous les verbes que nous connaissons déjà (*baiser, enfiler,* etc.) auxquels il suffit d'ajouter le mot *cul* ou tout autre synonyme. On peut aussi dire *empaffer,* qui est fort brutal, et *sodomiser,* qui est biblique.

Un mot composite très intéressant, c'est *érothiser* qu'on peut écrire avec un « h » au début. Chez les pâtissiers, *on trempe son biscuit.* Chez les boulangers *on met son pain au four.* Si on veut montrer de la modestie on dit même son *petit pain.*

On peut pratiquement varier ces expressions à l'infini.

Je vous signale tout particulièrement *faire un détour, brancher le circuit auxiliaire.* Dans les années trente, on disait d'une femme qui acceptait – ou recherchait – cette activité : *elle fait le spécial.* On disait encore : *c'est une perle* (car on l'enfile par les deux côtés) et c'est *la mère tape autour,* expression quelque peu obscure.

Prendre par-derrière est évidemment très usité, ainsi que *mettre la broche dans le four. Péter la rondelle, se faire défoncer le cercle, prendre du rond, basculer dans la margelle* relèvent de l'idée du rond. *Se faire écarquiller* se dit quand à l'acte s'ajoute la surprise.

Dans Marcel Proust, je crois vous l'avoir déjà dit, Albertine parle de *se faire casser le pot,* source d'angoisse et de douleur (pour le narrateur).

D'une façon moderne, là encore, on dit avoir *son moteur à l'arrière* ou bien *la prise est derrière le poste.* On dit aussi, quand il s'agit d'une dame : *si j'ouvre les deux portes, c'est que j'aime les courants d'air.*

On peut dire aussi *pratiquer la monte-à-rebours, le rebrousse-poil, le remonte-pente* (ou *slalom spécial,* cela toujours pour les alpinistes), *se faire introduire dans le milieu, voter au centre* et même *faire des forages off-shore.* Une expression réellement délicieuse, que je vous signale (mais je doute que vous puissiez l'utiliser dans vos travaux) : une dame du XIXe siècle disait, en pratiquant cet exercice : *« J'agrandis le cercle de mes amis. »*

On disait à la même époque – mais on ne le dit plus – *enrouter, envoûter* et *se faire taper dans les pattes.*

En langage réellement très populaire on dit *se faire graisser* et *se faire vaseliner.* Je préfère une expression énigmatique, et pourtant éloquente : *se faire dorer.*

On disait à Alger, pays de grande chaleur (je parle d'avant l'Indépendance) *se faire retourner l'ombrelle.*

Dans les grandes occasions on peut

prendre une porte et même *une porte cochère.* On peut aussi *se faire empaler* (sur un chinois, par exemple) ou *entuber.* Ce dernier mot, me semble-t-il, évoquerait quelque mauvaise affaire.

On parle aussi de *prendre l'itinéraire bis* ou bien *la départementale.* Plus discrètement encore, on peut demander : *Aimez-vous la valse à l'envers ?* Ou bien encore : *Puis-je aller saluer le voisin ?* Enfin, très expressif, ne pas oublier *se faire empapaouter* (c'est Hannibal, comme disait Charles Péguy, qui s'amollit dans les délices des Papous). Dans certains cercles gastronomiques, on *mange sa raie au beurre blanc* et on *redemande de la baguette.*

Restif de la Bretonne parlait de *tourner la médaille* et de *sonder le boyau cuiller.* Il est aussi l'inventeur, à ma connaissance, du vocable *loyoliser,* en l'honneur du grand saint Ignace de Loyola, fondateur du « jésuitique système ». Dans un ouvrage très peu connu du XVIIIe siècle, j'ai trouvé l'expression *prêcher à l'inversal.* Nous restons dans le religieux, comme vous voyez.

Dans l'armée, on se fait *tourner, on se fait déborder, on se fait défoncer, culbuter par l'arrière.* On assiste, ou on participe, *à la prise du grand fortin.* Un lieutenant de vaisseau me dit un jour d'un jeune enseigne : *« il file vingt nœuds par vent arrière. »* Cette phrase était prononcée avec une nuance admirative.

Quant aux adeptes du *vice saturnien,* ce vice qualifié *d'infâme,* qu'on appelle aussi *le vice-verso,* ce sont *des homosexuels, des pédérastes* et *des sodomistes.* Quelques nuances les séparent, au moins dans l'étymologie. Je vous en fais grâce. On les appelle aussi, communément, des *invertis.*

Je vous préviens : ici, la liste est longue.

Voyez plutôt : dans le seul argot du XIXe siècle on trouve *les coquines, les lobs* ou *lops, les chattes, les gueuses, les copailles, les fiotes, les jaquettes, les jésus, les rivittes* et *les sœurs,* voire *les frangines.*

Restif de la Bretonne – encore lui – disait tout simplement *les efféminés.* Aujourd'hui, on dit indifféremment *les pédés, les pédales,* voire *les pédalos, les tantes, tantouzes, lopes et lopettes, les gitons, les minets, les reines, les folles* – terme générique qui compte de nombreuses variantes, *folles perdues, folles tordues, folles ardentes, folles mystiques, folles écartelées* – *les travestis* ou *travelos, les petits jeunes gens, les chochottes* et *les coquines.*

Ils sont tous *grands lecteurs de Tacite* (qui écrivit, ne l'oublions pas, des *Annales*).

On dit aussi des *anusiens, des pédophiles, des versophiles, des retournés, des inversés* et, d'une manière générale, *les amis de l'envers.*

En langage classique, *les bougres* sont les homosexuels actifs et *les bardaches* les passifs. Ce dernier mot vient de l'arabe, mais que cela reste entre nous.

A ce propos, deux expressions populaires du milieu pied-noir d'Afrique du Nord : *les coulos, les gerboises.*

Au siècle dernier, on parlait volontiers des *mousquetaires au couvent.* Aujourd'hui, dans certains cercles, on dit quelquefois *les gasolines* et *les pétroleuses.* On est de *la jaquette qui flotte* ou *de la banane maudite.*

Restent bien entendu *les tapettes,* qu'on appelle également *les tatas* ou *les tantinettes.* Citons encore *les follasses, les folichonnes* et d'une façon générale tous *ceux qui en croquent,* sans oublier – c'est un point d'histoire de France – *les mignons* [1].

Quant aux dames qui aiment les dames, elles sont *des lesbiennes* et *des tribades,* voire *des gamahucheuses.* On dit aussi *des gougniottes* et on disait au XIXe siècle *des vrilles* et *des marchandes d'ail.*

1. L'autre jour, me promenant devant un lycée de jeunes filles, et écoutant quelques conversations, il m'a semblé que ce dernier mot revenait à la mode.

C'est de cette dernière expression qu'est venu – mystérieusement – un mot très connu, qui est *gousses.* Là encore, comme pour les hommes, on dit des *sœurs, des frangines* et même des *frères.* On les appelle quelquefois des *copines de régiment.* Elles pratiquent *l'amour saphique,* ou *gomorrhéen.* Elles sont des *gouines.* On disait au début du siècle : *elles font les puces.*

Voilà, chère Françoise. J'espère vous avoir bien répondu sur le point très précis qui faisait l'objet de votre appel.

Vous dites que mes dessins vous ont amusée. J'en suis très heureux.

Ceux que je vous envoie aujourd'hui vous paraîtront peut-être un peu osés, comme l'on dit. Bah ! Je suppose que, dans tous vos travaux, vous avez dû en voir bien d'autres. En outre, comme le disait un de mes vieux maîtres, l'imagination est toujours innocente. Le péché d'intention est une foutaise des confesseurs – et seule l'action peut être jugée.

Vous savez que je ne bouge pratiquement pas. J'ai mis un peu d'ordre dans mon appartement, avec l'aide de la concierge. Elle m'a acheté du thé et des biscuits secs. Vous me feriez une joie infinie en acceptant de venir un jour passer une heure ou deux. J'aurais tant de choses à vous dire, qui vont disparaître avec moi.

N'hésitez pas. Appelez-moi encore et venez frapper à ma porte. N'ayez pas peur, surtout.

A bientôt ?

P.S. J'ai oublié, en ce qui concerne le cul, des allusions historiques comme *l'entrée de Napoléon à Moscou, la prise de la smalah, l'ouverture du canal de Suez* ou *de Panama.* Cela n'a pas grande importance. Je voudrais cependant vous signaler l'expression *le détroit des Dardanelles,* due à un très médiocre calembour de Maurice Barrès (« Pour y passer, on y bosse fort »).

Quatrième lettre

Paris, le 3 décembre

Chère mademoiselle

J'ai bien reçu votre lettre. Je comprends que vous hésitiez à venir me voir. Un vieux monsieur comme moi, qui ne sait parler que d'une chose... Ça ne fait rien, restons à nos travaux.

Vous me demandez comment dire *prendre son plaisir.* C'est bien simple : on dit *jouir* et cela dit tout. *Jouir* est un mot merveilleux, qui remplit la bouche et le cœur. « Notre condition dans ce monde est de jouir et non pas de connaître », dit un personnage de Marivaux, contre qui d'ailleurs, certains jours, je m'inscris en faux.

On dit aussi *venir,* qui est un anglicisme, et aussi *rupiner, reluire* et *prendre son pied, prendre son panard, son pied bleu, son grand pied d'acier. On fait jouir une femme, on la fait reluire, on la fait briller, on lui met les doigts de pied en éventail, on lui fait voir le ciel ouvert, on la fait monter au septième ciel. Elle est allée dire bonjour aux anges. Elle chante, elle fait l'anguille, elle est comme un poisson hors de la mer, elle a sa clameur, elle étincelle.*

L'homme *décharge, éjacule, donne, éclate* et *gicle.* On parle aussi du *grand frisson,* de la *grande secousse,* de la *petite mort,* du *cocorico,* de *l'avalanche.* André Frédérique disait : *Atteindre la dernière gare.* Dans les cas réellement spectaculaires, on peut aller jusqu'au typhon, jusqu'au raz de marée, jusqu'à *la lame de fond,* jusqu'au *cyclone.*

On dit aussi *le grand soleil,* dans le langage des gymnastes, et, dans celui des artificiers, *le bouquet final* et *la belle bleue.*

Pour ceux qui sont toujours à la pointe de la mode, ils peuvent pousser *le dernier cri.*

Le *naufrage du Titanic* a un peu vieilli. En revanche, *Cap Canaveral* marche toujours bien. Nous avons également *la navette spéciale,* célèbre pour ses réchauffements et pour ses va-et-vient célestes.

Pour *les fiascos,* la mode était naguère à *Ariane.* Mais elle est en train de changer.

On dit aussi – restons dans des eaux subitement calmes – *j'ai démâté, j'ai eu une tombée de couilles, j'ai perdu ma charpente, j'ai débandé* et *j'ai molli.* On m'a rapporté le mot d'une dame cruellement déçue, qui disait en se rhabillant : J'ai cru voir un *film-catastrophe.* Quant aux amateurs de billard, qu'ils pensent à la *fausse queue.*

N'oublions pas les *bande-mou,* les *bande-à-regret,* et tout ce qui s'ensuit, *la chute libre, la dégonflette, le floc-floc.*

On parle aussi de *bâton rompu,* de *stylo menteur* et de *mou dans la corde à nœuds.*

Mais qu'importe, après tout. Ce ne sont que des mots, tous ces problèmes d'hommes. Ma vie, je ne l'ai pas vécue, je l'ai énumérée. Mon journal intime est un lexique. Mon cœur est peut-être en papier.

A propos (ou sans à-propos) :

Vous ne m'avez jamais posé de question sur la fellation, qu'on appelle communément *la pipe, le pompier, le suçon, la sucette.* Je sais pourtant que ce genre d'exercice se pratique dans les films que vous synchronisez. C'est pourquoi je vous en parle, sinon je ne me permettrais pas.

J'ai donc fait une petite liste à votre intention. On dit bien entendu *sucer, pomper, tailler une plume* et *faire la bise* (qui a un parfum d'avant-guerre), *se faire éponger, se faire nettoyer.* On se fait faire *une gâterie, une politesse, une gourmandise.* On sirote l'apéritif. C'est l'heure où les dames *passent au fumoir,* où les végétariens se font *brouter la tige.* En Belgique, dit-on, on se fait *prendre en bouche,* ailleurs on se fait *souffler dans la trompe, on se fait jouer du trombone, on se fait mousser le créateur,* que je trouve assez magnifique.

Fumer est assez usité, remarquons-le. Là encore, nous retrouvons nos voisins du Nord : « Fume, c'est du belge ». L'origine de cette locution, pardonnez-moi, m'est inconnue.

Quand l'action – qui s'appelle *la fellation* – est poussée jusqu'au terme, on disait au XVIIIe siècle que la fellatrice (ou le fellateur) *recevait la gorgée.* On dit aujourd'hui qu'elle (ou qu'il) *avale la fumée, ne donne pas sa part de dessert, n'aime pas que ça refroidisse, qu'avec lui* (ou elle) *rien ne se perd.* Elle n'est pas une *gaspilleuse, elle profite, elle a besoin de calories.*

Chalcidisser, d'après Mirabeau et son *Erotika biblion,* ne se dit que pour le lèchement des testicules. Suétone a créé *phicidisser pour dire :* se faire lécher les testicules par de jeunes chiens (ce fut un moment à la mode).

Une femme qui suce agréablement *réussit tous ses examens à l'oral.* Elle est *douée pour les langues.* C'est une bonne ou une excellente *flûtiste* (mais pour la musique de chambre).

Faire feuille de rose, c'est prêter sa langue au tambour.

Le mot *gamahucher,* qui date de l'ancien régime, sert à désigner tous les plaisirs de l'amour donnés par la bouche. Quand ces plaisirs sont plus spécialement donnés à une femme, on pratique le *cunnilingue.* On dit *lécher, léchotter, grignoter le bouton d'amour* (qui est le clitoris) ainsi que, dans les années trente, *faire mimi, faire minette.* On dit aussi *bouffer de la fourrure, aller au casse-croûte, jouer à croque-clito* et *se faire vibrer la virgule.* Restif utilisait assez souvent le mot *patiner.* On dit aussi *se faire brouter le paillasson.* En espagnol, *on se met une barbe.* En anglais, c'est beaucoup plus simple : *on se mange.*

On peut dire tout simplement – ce n'est pas à un professeur de vocabulaire qu'on l'apprendra – *faire une langue.* Là aussi je noterai des régionalismes, *sucer la moule* près de Toulon et *croquer la frite* à Bruxelles.

N'ayons pas peur des mots. Ils n'ont pas peur de nous.

Je voudrais pour finir vous indiquer – à toutes faims utiles – qu'il existe très certainement un moyen d'enrichir le dialogue généralement très pauvret qu'échangent les amants au moment même où ils s'unissent. Je veux parler des sempiternels *« oui-oui », « c'est bon-c'est bon »* et *« encore-encore ».*

Bien entendu, puisqu'il s'agit ici de faire du texte, l'essentiel doit être laissé à l'initiative individuelle et je ne peux guère indiquer que quelques directions de recherche. A vous de faire l'effort d'écriture nécessaire, en fonction de la situation précise et de la personnalité de vos interprètes. C'est l'essentiel de l'art dramatique.

On peut en cette circonstance utiliser pratiquement toutes les expressions de la langue française.

On peut dire par exemple, dans l'ordre croissant : *c'est délicieux, c'est merveilleux, c'est fantastique, c'est le très grand pied, c'est l'idéal, c'est super-énorme, c'est du jamais vu, c'est vraiment pas mal.*

On peut aussi prendre tous les mots que vous avez pu trouver dans mes lettres, et les combiner de telle ou telle façon. Mathématiquement, cet exercice conduit à l'infini. L'essentiel est de ne jamais perdre de vue que le texte ainsi créé doit être voluptueux et principalement encourageant. L'obscurité littéraire et le maniérisme sont, à mon sens, à éviter. Ils conduisent au galimatias et à l'abandon.

Cherchons d'abord des mots simples. Les plus courants sont bien entendu *sentir (je te sens bien, je te sens fort, je te sens partout), pousser, faire (fais-moi ceci, fais-moi cela), donner (donne-moi tout), prendre* (de toutes les façons possibles, voir mes lettres précédentes). On m'a signalé également *arrange-moi, fatigue-moi, ouvre-moi, détourne-moi, bouleverse-moi, explore-moi, sac-*

cage-moi, brise-moi, tue-moi et la litote très classique, bien de chez nous, *ne me ménage pas.*

Parmi certaines phrases authentiques qui m'ont été rapportées, ou que j'ai trouvées dans quelques ouvrages (mon expérience personnelle est trop ancienne, trop limitée et de toute manière trop silencieuse), j'ai retenu à votre intention le magnifique *Halleluyah !,* ou bien encore *cherche mon cri, tu es chez toi, surtout n'aie pas peur, c'est la fête, c'est le Bon Dieu, c'est le rêve, c'est l'Amérique, c'est l'abondance, c'est dimanche, c'est la terre promise, c'est le meilleur moment de la journée, c'est le bonheur,* ainsi que *c'est la joie, c'est quelque chose, c'est vraiment extra, quelle aventure, quelle traversée, quel luxe, que c'est doux, que c'est dur.* (avec une nuance d'admiration, et non pas de regret) et ces mots attachants que dit un jour une femme perspicace à son partenaire, au moment même où se précisait son plaisir : *« Oui ! Tu es un homme ! »*

Dans ce domaine également, les régionalismes sont admis. Si on veut plaire à l'indigène, ils sont même recommandés. On peut dire à Naples, *c'est le Vésuve !* et à San Francisco, *c'est la Golden Gate !* Avec un Espagnol, parlons *d'une grande faena* (il comprendra), avec un Italien essayons *c'est dantesque, c'est fellinien,* et ne reculons pas devant quelques gestes. *Quelle tempête ! et quel maelström !* seront appréciés par les marins, ainsi d'ailleurs que *Terre ! Terre !* ou *Alerte à tous les niveaux ! Taïaut, taïaut !* conviendra aux chasseurs, exclusivement.

Vrille, piqué et *chute libre* sont à recommander pour les aviateurs ainsi que le fameux *attachez vos ceintures !* Avec un paysan, parlons de *labour,* de *semence.* Avec un agent de police, ne craignons pas l'allusion au *bâton.* Avec un artiste, ne reculons pas devant le *chef-d'œuvre.* Avec un esprit religieux, chantons *c'est Noël !*

Pour les amateurs de superlatifs (ou de nuances), citons *c'est grand, c'est shakespearien, c'est pharaonique, c'est galactique, il n'y a rien de meilleur au monde, surtout ne change pas de main, hardi petit, c'est le grand soir* (nuance politique), *c'est le bon chemin, ou la bonne voie, c'est de la braise, je ne savais pas que ça existait* (sincère ou non). Une phrase qu'on me certifie authentique, mais dans un milieu de cyclistes : *« Tu pousses un braquet de vainqueur. »*

Tournant autour de l'idée du bon temps à prendre et à prendre bien lentement, nous trouvons : *il n'y a pas d'urgence, pas d'affolement* et *y'a pas le feu. Ne prenons pas l'express* est une variante, avec cette précision délicate : *j'aime m'arrêter à toutes les gares.*

Un soir d'été, en 1952, marchant dans une rue de banlieue, j'ai entendu, par une fenêtre ouverte, une voix de femme avouer : *« C'est mieux que tout, je te le jure ! »* Tandis que je m'éloignais lentement, une voix d'homme lui répondit à trois reprises : *« Vive l'amour ! »*

Une autre fois, dans une autre rue, j'entendis une femme s'écrier, au comble de l'étonnement : *« Mais qu'est-ce que c'est ? »* et une voix d'homme lui répondre, impérative : *« C'est comme ça et c'est pas autrement ! »*

Puisque nous en sommes au chapitre des ouï-dire, un de mes amis, naguère, me raconta qu'il avait entendu, au milieu de la nuit, dans une chambre voisine de la sienne, une voix d'homme qui ordonnait : *« Dis-moi que tu es la femme de Marcel ! »* et une voix de femme qui répondait, à plusieurs reprises, docile et tremblante : *« Je suis la femme de Marcel ! »*

Je vous livre cette anecdote telle qu'on me l'a rapportée. Si vous l'utilisez, je vous prie de changer le prénom.

Je vous rappelle également *la lune est bleue,* expression très américaine, et, parmi les phrases dites d'égarement, *je suis perdue, au secours, pouce, je me noie, non, pitié, tu me détruis, tu m'anéantis, tu m'effaces, je ne sais plus du tout où j'en suis, oh la la, je meurs, où es-tu ?, où est le soleil ?, voici le nuage.*

J'y ajoute *c'est le paradis,* et à l'opposé *voici le gouffre* (on peut préférer, dans le même esprit, *c'est divin* et *tu es un démon*). Je n'aurai garde d'omettre *mais qu'est-ce que tu fais ?* (question généralement sans réponse), *fais ce que tu veux, tout est à toi, maintenant ne pense qu'à toi, reste, pas tout de suite, attends encore* ou au contraire *viens, viens vite, j'ai envie* et *j'ai très envie,* voire *j'ai besoin, il me le faut, je n'en peux plus, tu me fais trembler, j'ai chaud, j'ai froid, j'ai mal, j'ai soif, qu'est-ce que tu fais de moi ? Qu'est-ce que tu me fais faire ?* (là encore, on répond si on veut), *je n'entends plus rien, où ?, quoi ?, qu'est-ce que c'est encore ?, ça aussi ? ce n'est pas possible ! je ne peux pas ! mais tu es fou ! je n'aurais jamais cru, on se voit demain ?*

Il est également fréquent dans ces moments-là, me dit-on souvent, que l'on se traite à qui mieux mieux de noms réellement peu convenables. Coutume ancienne, apparemment. J'en comprends l'intention *(je suis ceci, tu es cela),* mais comme ce paragraphe me paraît relativement facile à écrire, je le laisse à votre indiscrétion.

Je vous rappelle néanmoins quelques variantes intéressantes comme : *tu ne cherches qu'à m'humilier, tu me fais mal, mais j'aime ça, tu me traites* (ou *traite-moi*) *comme une fille* (ou tout autre mot qui vous semblerait plus éloquent). On m'a rapporté comme authentiques : *sois compliqué* et *tu m'as prise et tu m'as comprise.*

Il y a aussi *bravo, c'est bien ça, c'est exactement ça, tu as trouvé, tu es le meilleur* et un certain nombre de compliments qui s'accompagnent, quand la compagnie est bien élevée, de remerciements. Ajoutons *tu me fais faire n'importe quoi, je le savais en venant ici, tu aurais pu prévenir quand même, non, je ne t'ai pas dit d'arrêter, comment l'as-tu su ? vraiment tu cachais bien ton jeu, je n'aurais jamais cru ça de moi, tu m'as devinée, tu sais tout, tu sais ce que j'aime et tu en profites, tu me fais honte et c'est bien bon.*

Enfin, sans vouloir artificiellement prolonger une liste qui de toute évidence est interminable, n'oubliez jamais, chaque fois que cela vous paraîtra possible, *regarde-moi* et *parle-moi,* qui mettent en jeu l'œil et la parole, éléments sans lesquels, de l'avis général, il manque quelque chose d'essentiel à l'érotisme.

Pour l'œil, vous n'y pouvez pas grand-chose. Tout dépend du metteur en scène et des interprètes. Pour la parole, j'ai fait de mon mieux pour vous servir.

Avec cette réserve, qu'on entend quelquefois : *c'est rien de le dire.*

Qu'ajouter ? Je ne veux pas entrer dans le domaine de la perversité, qui est fort étendu, dans ce que les bons pères appelaient autrefois « les luxures spéciales ». Ces pratiques sont peu populaires et les mots qui les décrivent sont généralement scientifiques et froids. Je ne les aime pas. La perversité commence là où s'achève le plaisir. D'où ma réticence à pousser cette porte. Je ne suis pas un médecin, je suis un lexicographe. J'ai la chance, que peu de gens possèdent, de pouvoir définir avec précision mon royaume.

Je ne vous parlerai pas davantage de la masturbation, qui est le bonnet de nuit de l'amour (mais qui permet quelquefois des nuits calmes).

Et maintenant, nous avons presque terminé.

A quoi servent les mots ? Parfois, je me le demande. Si j'avais à définir brièvement ce que j'ai fait, j'appellerais ça : « Autrement dit ».

Dire les choses d'une autre façon. C'est toujours ça. Et croire obstinément que la richesse des mots est signe indiscutable d'une richesse de l'esprit, et peut-être même du cœur.

Où en suis-je ?

Dans le monde hippique, où les analogies, nous l'avons vu, ne manquent pas, une séance amoureuse tout particulièrement réussie s'appelle *un parcours sans faute.*

L'ai-je accompli ? Je ne sais pas vraiment. Où ai-je vécu ? Je l'ignore.

J'ai mal aimé des mots. J'en ai oublié d'autres.

Mais je sais que j'ai terminé. Je vous ai donné ce que je savais et j'en suis heureux, comme soulagé.

Dans certains domaines, notre langue est inépuisable. Ailleurs, elle me semble limitée. Par exemple, je ne vois qu'un mot pour dire : merci.

J'espère, mademoiselle, que vous êtes aimée.

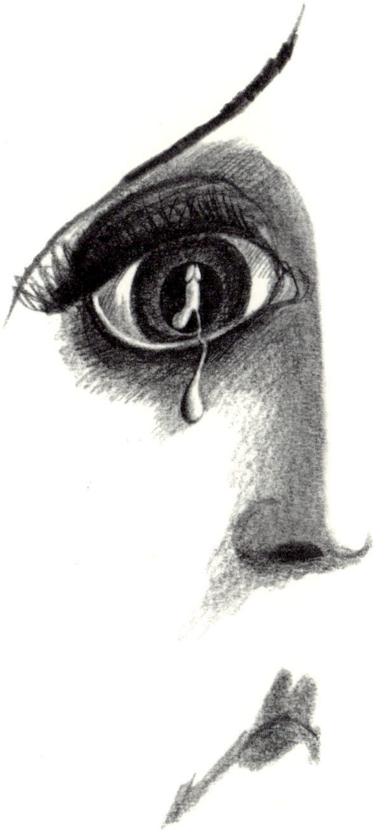

DU MÊME AUTEUR

aux Éditions R. Laffont

Lézard, roman
L'alliance, roman
Les vacances de M. Hulot
Mon oncle (d'après les films de Jacques Tati)
Viva Maria, roman
Le pari, essai
En collaboration avec Pierre Etaix
Le petit Napoléon illustré, album
En collaboration avec Guy Bechtel
Le dictionnaire de la bêtise
Le livre des bizarres

aux Éditions J'ai Lu

Les plus belles lettres d'amour, anthologie
L'humour 1900, anthologie

ACHEVÉ D'IMPRIMER
LE 5 OCTOBRE 1981
IMPRIMERIE MODERNE DU LION
PARIS

ISBN 2.7158.0336.2
HSC. 81.10.67.0782.2
Dépôt légal 4e trimestre 1981